Nacidos para ser salvajes

Patitos

Anne Royer

Las palabras del glosario van en **negrita**
la primera vez que aparecen en el texto.

GARETH**STEVENS**

GS

PUBLISHING
A Member of the WRC Media Family of Companies

¡Pío, pío! Fuera del nido

Al principio de la primavera, todos los patos **ánades reales** que viven en las orillas de charcas y lagos abandonan el nido y llevan a sus crías al agua. Las crías de pato reciben el nombre de patitos. La hembra pone todos los huevos antes de sentarse sobre ellos, para que todas las crías salgan al mismo tiempo. Antes y después de la incubación, la hembra cuida de su gran familia por sí sola, sin ayuda del macho.

Los patitos recién nacidos están húmedos por el líquido que contiene el huevo. Los pequeños patitos no abandonan el nido para ir al agua hasta que sus plumas están secas.

¿Qué piensas?

¿Cuánto tiempo están los patitos en el huevo antes de salir?

a) de tres a cuatro meses

b) de tres a cuatro semanas

c) de tres a cuatro días

Los patitos pasan entre tres y cuatro semanas en el huevo, antes de salir.

Por lo general, las hembras empiezan a buscar lugares donde poner sus huevos a comienzos de febrero. La mayoría de las ánades reales regresan al lugar donde nacieron para poner sus huevos. Las hembras construyen sus nidos en el suelo, escondidos entre hierbas o arbustos. Una hembra hace su nido usando diferentes tipos de plantas. Después, lo rellena con **plumón** que se arranca a sí misma.

La mayoría de los patos salvajes sólo tienen una **nidada** al año, de entre ocho y doce huevos. Algunas patas salvajes ponen hasta quince huevos, pero una pata de granja pone unos trescientos huevos al año.

Durante toda la incubación, la hembra sólo abandona los huevos una vez al día, para alimentarse. Antes de salir en busca de comida, cubre los huevos con plumón para mantenerlos calientes y esconderlos de los **depredadores**.

Como todas las crías de ave, un patito tiene en la punta del pico un bulto pequeño y duro que le ayuda a romper la cáscara para salir del huevo. Este bulto recibe el nombre de diamante. El diamante desaparece poco después de que el patito sale del huevo.

Después de salir del huevo, los patitos no permanecen mucho tiempo en el nido. En cuanto sus plumas están secas, los patitos de la nidada se ponen en fila y acompañan a la madre al agua.

Los patos no pasan frío en el agua porque sus plumas son impermeables.

Los patos no se enfrían ni siquiera cuando nadan debajo del agua, y además su piel permanece seca. La piel de un pato está protegida por una gruesa capa de plumón, que mantiene el calor del cuerpo. Además, los patos recubren sus plumas externas con un aceite que se produce bajo las plumas de la cola. Gracias a sus plumas recubiertas de aceite, los patos son impermeables.

Los pies palmeados los ayudan a nadar más deprisa. Los patos usan los pies palmeados en el agua como si fueran remos.

Para sumergirse, un pato se echa hacia delante y mete en el agua la cabeza y la parte delantera del cuerpo. Cuando un pato está en esa postura, sólo mantiene fuera del agua la parte trasera del cuerpo.

¡Caminar con pies palmeados no es fácil! Los patos deben mantener la cabeza muy alta. Si no lo hacen, caen hacia delante y se golpean el pico.

Aunque los patos ánades reales pueden nadar bajo el agua, suelen hacerlo en la superficie. Sólo se sumergen cuando están en peligro, como cuando escapan de un depredador.

Una primera comida de adulto

Los patitos recién nacidos no sólo pueden caminar y nadar en seguida, también son capaces de comer los mismos alimentos que un pato adulto. Un patito no espera a que su madre le dé de comer. Después de chapotear en el agua, jugando con sus hermanos y hermanas, un patito busca comida por sí mismo. Las ánades reales comen plantas que crecen en la orilla, además de insectos, lombrices, ranas, caracoles y pequeños mariscos que viven en el agua.

Es posible que este patito recién nacido aún no se sienta capaz de sumergirse. Parece satisfecho de comer pequeños insectos o semillas de plantas que encuentra flotando en el agua.

¿Qué piensas?

¿A qué hora del día suelen comer los patos?

a) por la mañana

b) a mediodía

c) por la noche

Los patos suelen comer por la noche.

Los patos pasan la mayor parte del día descansando, escondidos entre hierbas altas. Cuando cae la noche, vuelan hasta la masa de agua donde suelen alimentarse. A la mañana siguiente, antes del amanecer, regresan al lugar de descanso. El miedo a los depredadores es, probablemente, la razón por la que los patos sólo se **aventuran** a salir de noche y permanecen escondidos durante el día.

El pico de un pato es una excelente herramienta para conseguir comida. Tiene una fila de diminutas **muescas** a lo largo del borde. El agua puede salir de la boca del pato, pero la comida queda atrapada en el interior.

Las ánades reales suelen nadar en aguas poco profundas, para poder meter el pico en el barro y arrancar plantas **acuáticas** sin tener que sumergirse.

A los patitos les gusta mordisquear hierbas silvestres.
También se comen las bellotas que caen de los robles.

Un pato suele alimentarse
de diminutas plantas y
pequeños insectos, pero a
veces también engulle
presas más grandes —
¡hasta ranas!

Listos para salir volando

Los patitos que nacen a principios de la primavera tienen unos dos meses de edad cuando son capaces de volar. Poco después de aprender a volar, abandonan a sus madres. Cuando los patitos se van, sus madres se ocultan entre las hierbas altas para la **muda**, en la que pierden las plumas. Como no pueden volar mientras están sin plumas, las hembras permanecen escondidas mientras esperan que les crezcan plumas nuevas. Los machos mudan al principio de la primavera, casi al mismo tiempo que los patitos están saliendo del huevo.

¿Qué piensas?

¿Por qué los patitos no pueden volar antes de los dos meses de edad?

a) porque las alas son demasiado pequeñas

b) porque se marean

c) porque no quieren alejarse de sus madres

Hasta los dos meses de edad, los patitos están recubiertos de una suave pelusa. Después les empiezan a crecer sus plumas de adulto.

14

Los patitos no pueden volar antes de los dos meses de edad porque sus alas son aún muy pequeñas.

Las ánades reales pueden echar a volar hacia arriba con un fuerte movimiento de las alas. No necesitan avanzar chapoteando sobre la superficie, como hacen otros patos, para alzar el vuelo. Una vez en el aire, un ánade real vuela con la cabeza y el cuello extendidos. Como su **envergadura** no es muy grande, tiene que batir las alas muy deprisa cuando vuela. Mientras está en el aire, lanza con frecuencia su llamada, especialmente cuando está buscando un lugar donde posarse.

Un ánade real adulta puede volar a unas 60 millas (97 kilómetros) por hora —la velocidad de los autos en una autopista.

Para posarse, un pato alarga las patas hacia delante y usa las alas para frenar.

En su primer otoño o invierno, los patos jóvenes ya son capaces de **reproducirse**. Al final del invierno, comienzan a elegir pareja.

A finales del otoño, los patos ánades reales jóvenes ya tienen su **plumaje** adulto. La diferencia entre machos y hembras es fácil de ver. Los machos tiene el plumaje más vistoso. Las plumas pardas de las hembras las ayudan a ocultarse entre las hierbas con los huevos o los patitos.

Patos de todo el mundo

Las ánades reales son los patos salvajes más comunes en América del Norte. También viven en Europa y en el norte de Asia. En el mundo hay unas cien variedades de patos. Hay patos en todos los lugares del mundo menos en la Antártida, donde el aire es demasiado frío para ellos. Los patos anidan en cualquier lugar donde haya agua —cerca de ríos, lagos, marismas y arroyos; cerca del mar; y cerca de las charcas en parques urbanos. Los patos arcoiris son los únicos patos salvajes de América del Norte que ponen huevos más de una vez al año. Algunos patos arcoiris ponen huevos dos veces al año.

El pato arcoiris, también llamado pato de Carolina, es nativo de América del Norte. Un patito arcoiris suele tener un primer viaje al agua más peligroso que el patito de ánade real. Los patos arcoiris hacen sus nidos en huecos en los árboles, a cierta altura del suelo o del agua, y por eso tienen que lanzarse al aire antes de nadar.

¿Qué piensas?

¿Cómo se llama el largo viaje que emprenden algunos patos todos los años?

a) hibernación

b) **migración**

c) vacación

El largo viaje que emprenden algunos patos todos los años se llama migración.

Para escapar de los fríos meses de invierno, algunas variedades de patos abandonan las áreas donde pasan la primavera y el verano, y vuelan a zonas más cálidas donde el alimento es más abundante. Muchos tipos de patos sólo recorren cortas distancias, o vuelan de un estado a otro, pero algunos emigran a otros países o continentes, volando varios miles de millas (km) cada año.

La cerceta ala verde, con un peso medio de 12 onzas (340 gramos), el de una caja pequeña de cereal, es el **pato nadador** más pequeño de América del Norte. Puede volar muy deprisa y recorre largas distancias en su migración.

El pato chillón ojos dorados es un **campeón** del buceo. Puede estar bajo el agua durante un minuto, y sumergirse a una profundidad de 23 pies (7 metros).

En otoño, cientos de patos cruzan los cielos en sus migraciones a climas más templados. A veces, vuelan en enormes formaciones en V, pero no lo hacen con tanta frecuencia como los gansos.

Los patos suelen viajar de noche. Cuando recorren largas distancias, usan la Luna y las estrellas para orientarse. Mientras viajan, lanzan sus llamadas con frecuencia para mantenerse en contacto unos con otros y no perderse.

Los patos son aves. Como todas las aves, tienen el cuerpo cubierto de plumas, tienen un pico y alas, y ponen huevos para producir crías. Los patos tienen picos anchos y planos cubiertos de piel. Los picos de algunos patos tienen bordes rugosos que los ayudan a atrapar y agarrar peces. Los patos viven cerca del agua, y en todas las regiones del mundo menos en la Antártida. Un pato salvaje puede vivir hasta treinta años. Las ánades reales pesan entre 2 y 3 libras (entre 1 y 1.5 kilogramos).

Todos los patos están emparentados con los gansos y los cisnes, pero los patos suelen ser más pequeños y tener el cuello más corto.

El plumaje de un ánade real macho es muy diferente del de la hembra. Sólo el macho tiene brillantes plumas verdes en la cabeza y el cuello.

Las plumas de la cola son blancas tanto en el macho como en la hembra. Los machos tienen, además, unas plumas oscuras y curvas en la cola.

Las ánades reales tienen una longitud de entre 20 y 28 pulgadas (entre 51 y 71 centímetros), y una envergadura de entre 30 y 40 pulgadas (entre 76 y 102 centímetros).

Esta mancha de tono morado es el único detalle de color brillante en el plumaje pardo y castaño de la hembra de ánade real.

Los picos amarillo verdosos de algunas hembras de ánade real tienen puntos negros. Las hembras emiten un sonoro "cuac, cuac". Los machos emiten un "cuec, cuec" más suave.

Tanto la hembra como el macho de ánade real tienen pies palmeados de un color rojizo anaranjado.

Glosario

acuático — que crece o vive en el agua

ánade real — un tipo común de pato salvaje. El macho tiene la cabeza de color verde con un anillo blanco en el cuello. La cabeza y el cuerpo de la hembra son de color pardo.

aventurarse — arriesgarse a hacer una actividad peligrosa

campeón — el vencedor o el mejor en algo

envergadura — distancia entre las puntas de las alas completamente abiertas de un ave

depredadores — animales que cazan y matan a otros animales para alimentarse

migración — desplazamiento desde un lugar o clima a otro

muda — pérdida de la capa exterior de piel, plumas o pelo, que será reemplazada por otra

muescas — cortes

nidada — grupo de aves jóvenes que salen del huevo al mismo tiempo

patos nadadores — patos que viven en aguas poco profundas y, a diferencia de los patos buceadores, se alimentan metiendo la cabeza en el agua y estirando luego el cuello hacia atrás

plumaje — conjunto de plumas de un ave

plumón — plumas finas, suaves y mullidas

presas — animales que son cazados por otros animales, generalmente para servir de alimento

reproducirse — tener crías o descendencia

Please visit our web site at: www.garethstevens.com
For a free color catalog describing Gareth Stevens Publishing's list of high-quality books and multimedia programs, call 1-800-542-2595 (USA) or 1-800-387-3178 (Canada). Gareth Stevens Publishing's fax: (414) 332-3567.

Library of Congress Cataloging-in-Publication Data

Royer, Anne.
    [Petit canard. Spanish]
    Patitos / Anne Royer. — North American ed.
       p. cm. — (Nacidos para ser salvajes)
      ISBN-10: 0-8368-7425-0 — ISBN-13: 0-978-0-8368-7425-9 (lib. bdg.)
      1. Ducks—Infancy—Juvenile literature. 2. Ducks—Juvenile literature.
I. Title. II. Series.
QL696.A52R6718   2007
598.4'1139—dc22
                                  2006013407

This North American edition first published in 2007 by
Gareth Stevens Publishing
A Member of the WRC Media Family of Companies
330 West Olive Street, Suite 100
Milwaukee, Wisconsin 53212 USA

This U.S. edition copyright © 2007 by Gareth Stevens, Inc.
Original edition copyright © 2005 by Mango Jeunesse.

First published in 2005 as *Le petit canard* by Mango Jeunesse, an imprint of Editions Mango, Paris, France. Additional end matter copyright © 2007 by Gareth Stevens, Inc.

Picture Credits (t = top, b = bottom, l = left, r = right)
Bios: R. Cavignaux 2; L. Renaud 7; L. Casiano 15. Cogis: Vidal 9(t); Français 9(b), 17(b); Gissey 13(t), 17(t), back cover. Colibri: C. Baranger front cover, 12(t); Claude Villette title page, 22; J. A. Mayet 4(l); L. Chaix 4(r); G. Fleury 5(t), 21(t); C. Ratier 5(b); K. Etienne 8(b); M. Rhar 10; P. Ricard 16(l); Negro/Cretu 18; B. Bonnal 20(l); F. Merlet 21(b); P. Perez 22–23. Phone: R. Valter 16(r). Sunset: NHPA 8(t), 20(r); Animals animals 12(b); D. Cordier 13(b).

English translation: Deirdre Halat
Gareth Stevens editor: Barbara Kiely Miller
Gareth Stevens art direction: Tammy West
Gareth Stevens designer: Kami Strunsee
Spanish translation: Tatiana Acosta and Guillermo Gutiérrez

Printed in the United States of America

1 2 3 4 5 6 7 8 9 10 09 08 07 06